어쿠스틱 기타

詩人廣場 시인선 002

어쿠스틱 기타
詩人廣場 시인선 002

초판 1쇄 발행 | 2024년 1월 25일

지 은 이 | 문설
펴 낸 이 | 김왕노
주   간 | 방민호
부 주 간 | 김조민
편 집 장 | 최규리
편집위원 | 권성훈, 김효은, 하상만, 석민재, 김광호
　　　　　채종국, 김태경, 정윤서, 이병진, 신승민
펴 낸 곳 | **詩人廣場**
등록번호 | 제2023-000120호
등록일자 | 2023년 11월 20일
주   소 | 경기도 수원시 영통구 중부대로 448번길 28
　　　　　레이크파크 211동 1503호
전   화 | 010-4592-2767
전자우편 | kwn346@naver.com
블 로 그 | blog.naver.com/w_wonho

ISBN 979-11-985545-2-9 03810

값 10,000원

* 이 책은 전부 또는 일부 내용을 재사용하려면 저자와 '시인광장'의 동의를 받아야 합니다.
* 이 도서의 국립중앙도서관 출판도서목록은 서지정보유통지원시스템 홈페이지(http://seoji.nl.go.kr)와 국가자료공동목록시스템(http://www.nl.go.kr/kolisnet)에서 이용하실 수 있습니다.

어쿠스틱 기타

문설 시집

* 본문에서 페이지가 바뀌며 연 구분 공간이 있을 때에는 〈 표기를 합니다.

■ 시인의 말

멱살을 잡고 놀다가

길모퉁이를 돌아서면 아무도 없었다

다시는 눈멀고 싶지 않았다

여기,

아름다운 침묵의 소리를

듣는다 어쿠스틱으로

2024년 1월, 문설

■ 차 례

1부

붉은 — 19

아름다운 밤이 왔다 — 20

물의 고백 — 22

사려니숲 — 24

회전문은 꼬리를 물고 — 26

선잠 — 27

만첩홍매에 비 — 28

꽃이 지는 이유를 알게 될까 — 30

에스메랄다 그 후 — 32

코르크나무 — 34

첫사랑, 그 화석인간 — 36

장미의 여자 — 38

태양이 지고 있으므로 — 40

감정의 골목 — 42

묻는다 — 44

2부

얼음의 불 – 47
아무리 지워도 지워지지 않는 것들에 대한 용기 – 48
변명은 열린 적 없는 상자 안에 있었다 – 50
사과나무 카페 – 52
바퀴의 창고 – 54
종(種)의 습격 – 56
조용한 식탁 – 58
골목 안 빨간 의자 – 60
바람박물관 – 62
나는 아주 오랫동안 – 64
음모 – 65
죽문설방(竹門說方) – 66
14층 – 68
죽은 시간 밖에서 – 70
보헤미안 – 72

3부

마법이 통했어 — 77

여름의 끝에서 낮은 소리로 말하는 법 — 78

눈 내리는 등 — 80

뉴스의 뒤쪽 — 82

카페 블루 — 84

펜화 — 86

장면의 중심 — 88

백 년 동안의 역 — 89

어떤 후회 — 90

소원을 소비하는 구간 — 92

몰두 — 94

어쿠스틱 기타 — 96

꿈꾸는 어항 — 98

사막의 어미들 — 100

권태를 먹다 — 102

4부

불꽃놀이를 하고 있습니다 – 105

말의 담장 – 106

듣습니다 – 108

열쇠 – 109

꽃의 유서 – 110

고슴도치 딜레마 – 112

리무진 – 114

질문의 거울 – 116

시시한 덫에 걸리다 – 118

자세에 대하여 – 120

새 – 121

들판 위의 푸른 바람 – 122

여름을 던지는 배롱나무 – 124

트렁크나무 – 126

■ **해설** | 서정의 사려니숲 그리고 순수와 역린의 시
 / 김왕노(시인, 평론가, 시인광장 발행인) – 129

1부

붉은

태양을 피해 숨어버린 적 있다

해야 할 말들을 속에 간직하면

진실의 단편들이 어긋나기 시작하지

역류성 반응들이 범람해

불투명한 미래가 만성염증처럼 도사린다

등락을 반복하는 꺾은선그래프 같은 어제와 오늘

예견된 보통의 날들이 스치고

갈급한 마음도 시들해진다

나는 어떤 견해에 포함되어 있다

낯선 누군가와 맞추는 걸음과 시선은 몹시 어색하다

귀걸이를 하기 위해

귀에 구멍을 뚫는다

반짝인다

한 방울의 붉은

아름다운 밤이 왔다

누구도 나를 물어보지 않아
나에게 보낸 안녕이 안녕이라고 습관처럼 말한다

오늘은 벼룩시장에 가서 잘 웃고 다정한 나를 팔았다
어쩌면 내 인생이 완전히 바뀔 수도 있겠다는 이상한 기분도 팔았다

나의 웃음을 보면 카메라의 렌즈 같아
초점을 맞추면 미처 알지 못하는
나의 유전자가 함께 쏟아져 나올까봐 더럭 겁이 났다

피사체 같은 운명이 있다고
주체하지 못한 주체가 발목을 잡아 생각이 어둠을 타고 떠다녔다

순간의 빛이 슬픔에 스며
새가 울고 꽃이 웃어도 울고 웃는 소리가 필름에 감겼다
가짜와 진짜를 구별하는 법을 눈감을 때까지 배울 수 있을지

〈

운명의 바퀴는 운전자의 모습을 닮는다
마모 된 흔적이 제각기 달라도 모두 제자리에 있어야
온유한 빛으로 가득 찬다

어느 포근한 날이었다 창가의 커튼이 불룩하게 부풀었다
어둠이 낸 길이었다 현상할 수 없는 밤이 찾아와
혼곤히 누워 있다

물의 고백

      장미 향기가 나면 괜찮을까
    분명 호불호가 있을 거야 똥냄새도 거의 나지 않는다고
       믿음과 의심 사이, 아무도 모르지

유리창에 흘러내리는 나는

어느 수면을 파닥거리다 여기 숨죽여 침묵하고 있나

말미잘과 흰동가리가 파놓은 터널을 통과한 기억 눅눅한데

누군가의 만남과 이별을 감지한 최초의 순간

머리를 감겨 주었을 때의 그 끈적한 촉감

흘러가는 방향을 생각하다 마주한 꽃잎들의 무덤

내가 절묘하게 떨어져 스미는 동안 눈빛은 투명에 가까워졌지

나무와 계곡의 산을 품은 바다의 성지(聖地)는 어디일까

출렁이는 나를 위해 불과 얼음의 존재를 묵인하며

언젠가는 개가 끄는 썰매를 타고 북극의 빙하나

사막의 모래 폭풍을 따라 소금 눈송이를 따러 갈 것이다

억만년을 품은 협곡이 유리창에 흘러내리는 이유는

한 번만 태어나는 뱃속의 기억 때문이다 나는

항상 돌아와 다시 불의 암석 위를 걸을 것이다

사려니숲[*]

사려니 숲에 가서 알았습니다
내가 오래전부터 좋아한 냄새를 이 숲이 가지고 있다는 것을
방금 이곳을 다녀간 소나기도 이 흙의 냄새를 물고 날아갔습니다
흙의 체취는 오래전 내 기억 속에 살았습니다

삼나무, 졸참나무, 때죽나무, 산딸나무, 서어나무 …
길목에 펼쳐진 풍경에 감전되어 자박자박 걷습니다
길은, 아는 길은 아는 곳으로 낯선 길은 낯선 곳으로 통합니다
세상의 시비(是非)도 이곳까지 따라오지 못했습니다
나는 오래된 불통을 소통으로 바꾸어서 주머니에 넣었습니다
넘을 수 없는 마음도 이곳에 오니 야트막한 언덕으로 보입니다

팔이 잘려나간 나무들은 송글송글 피가 묻어있습니다
이 상처를 가라앉히느라 얼마나 많은 밤을 지새워야할까요

나는 내 작은 상처에도 꼬박 밤을 새운 적이 있습니다
흙비의 얼룩마저 나무들의 무늬가 됩니다
상처 많은 나무들이 껴안아주겠다고 두 팔을 벌리고 있습니다
탁한 바람들이 이곳에서 몸을 씻고 다시 도시로 돌아갑니다

*제주도에 있는 숲

회전문은 꼬리를 물고

저 회전문은 네 개의 방을 가지고 있다
방마다 풍경을 채우고 돌아간다
제때 발을 넣지 못해도 닫히지 않는다
열리면서 닫히는 저 방은 바람의 방식을 숨기고 있다
사람들은 회전문이 돌 때마다 그림자를 남겨두고 몸만 빠져나간다
회전이 멈추는 순간, 그림자는 안과 밖의 중간에 서있다
그림자는 멈춰 있을 때보다 떠돌 때가 많았다
회전문은 회전문을 따라가지 못한다
그림자의 뒤통수가 회전문에 박힌다
다시 회전문이 휙휙 돌아간다
회전문 사이로 끝없이 바람이 일어난다
빛도 소리도 없는 곳에서 나는 허수로 남는다
스카프가 목을 타고 흘러내린다
숨기지 마라 드러내면 강해진다
나팔꽃에게 방향을 묻지 않는다
구석구석 혼자일 때 비로소 선명해진다
닫히면서 열리는 저 방에 구미호가 산다

선잠
– 시에스타*

서툴지 않은 처음은 시작이 아닙니다
아무렇게나 그은 선은 정말 아무렇지 않고
나는 점과 잠이 만들어낸 색에 선명해집니다
그린 그림이 물결치면 바다는 까무룩 잔잔해집니다
그림이 그림의 무덤을 파고 덧칠할 때
나는 어둠에 잠긴 바다로 향합니다
바다의 색깔은 도무지 알 수 없는 벼랑입니다
당신의 표정은 당신이 가장 마음에 들어 하는 색깔이겠지요
내일은 오늘의 제자리, 붓끝이 그 끝을 감추면
그림의 모서리마다 모래알 같은 꽃이 피어납니다
풋풋한 피톨이 짙은 안개에 덮인 화폭을 지나갑니다
당신이 무엇을 상상한 채 잠의 꿈에 젖어들든
몽유의 숲에 풍경이 한창입니다만
내가 눈을 뜨면 풍경은 풍경을 모릅니다
설핏, 내 눈을 밟고 간 당신은 누구의 처음일까요

*빈센트 반 고흐의 그림 〈시에스타〉를 보고.

만첩홍매에 비

기울어진 길 끝에서 멀어지지 말자 했습니다

빛의 모서리였는지 별밭의 파수꾼처럼 고개를 들어 겹겹의 바람을 흥얼거립니다

얇게 숨어있던 분홍눈짓에

담담하게 버티던 몸이 뒤집힙니다 아침이 오지 않으면

흔들려도 흔들리지 않은 것입니다 꽃 진 자리마다

호랑나비 떼 머뭇거리며 날아다닙니다

열매보다 가벼운 약속은 멀고도 가까운 거리에서 잔기침을 흘리고 다닙니다

검은 고양이를 우산에 풀어놓고 금이 간 하늘을 피해 돌아다닙니다

〈

발정 난 구름이 태양을 밀어내는 것뿐,

희미한 발자국만 끌고 다녔을 몇 개의 길

바람과 가지 사이에서 멀어지지 말자 했습니다 피는 꽃을 보는 것도

지는 꽃에 손을 대는 것도 내 의지대로 되지 않습니다

툭, 툭,

누군가의 뒷모습을 두드리는 소리

첩첩이 깊은 분홍눈이 심장을 찔러댑니다

하루를 접었다 펴면 비탈에 선 숨이 다 빠져나갑니다

꽃이 지는 이유를 알게 될까

고백하건대 낮고 조용한 감정이 어디로 흐르는지 나는 모른다

한숨이 턱에 차있거나 자주 입술을 물어뜯는다

많은 것을 놓쳤거나 흘렸을 것 같은 난처함은 황량한 언덕 같다

이슬과 이슬이 어둠과 어둠이 서로의 민낯을 얼마나 견딜 수 있을까

당신의 흔적이 나라고 생각되는 순간 나는 당신을 모두 비워 버렸다

접다 만 기억들이 허공으로 튄다

바람 소리를 눈으로 볼 수 있다면 어떤 유형일까

눈에 녹여도 녹지 않는 저 비릿한 눈길,

종이비행기를 날리고 날려도 나 혼자 남아 바람에 저항했다

어두워지기 전에 없는 당신을 만나러 가겠어요

세상의 뒷면이 낯설지 않아 날지 않고 사라지는 새를 지켜보고 있다

모이면 흩어지는 흩어지면 사라지는 알 수 없는 힘을 마주하고

아무도 생각하지 못한 방식으로 종이비행기는 돌아와
나무 위에 맺힌다
　포물선 꼬리에서 불룩한 기억을 베어내자
　먼 곳에서 꽃이 온다

에스메랄다* 그 후

　불신에는 지독한 뿌리가 있고 나쁜 기억이 더 좋을 때가 있습니다
　뾰족한 것들은 뾰족한 것들만 모이는 습성이 있습니다
　끝을 모르는 종탑에는 아무도 오지 않을 테니까요
　옅은 빛이 몰려오고 잠에서 깨면 당신은 또 그녀를 기다리겠지요
　금단이라는 말에 빠진 사랑은 누구도 사랑할 수 없다는 말이지요
　허공을 잡으려 허우적거리는 그녀의 손짓을 기억하지 말아요
　잡았던 것이 무엇인지 모르면서 움켜쥐었던 그녀의
　손이 바닥으로 떨어집니다 잠시 쉬어가는 햇빛의 그늘이 푸릅니다
　선택을 위한 선택에는 행복하지 않을 것이라 단정을 짓지 마세요
　저 선택 속으로 누구나 걸어갈 수는 없으니
　당신이 가진 고급스러운 울음주머니만 생각하렵니다

그러나 마르지 않는 샘 같은 울음주머니도 바늘자국만 남았습니다

오늘 아침 9호선 환승역으로 올라가는 계단에서 당신을 보았습니다

당신은 신이 숨겨 놓은 곳에 사는 종이었습니다

종루도 없는 곳에서 종이 발견될 때마다

춤을 춰요, 콰지모도 당신의 가면은 오늘 밤 최고일 거예요

바늘자국 위엔 녹슨 바늘자국이 쌓이고 하루가 지나가겠지요

가장 사랑하는 것을 위해 가장 사랑하는 것을 버려야 할까요

죽음이 춤이 되는 커튼콜로 한 시대가 저물어갑니다

당신이 그녀를 살렸다고 확신하지만 당신은 무대의 주인이 아닙니다

깊고 넓은 당신의 기도는 먼 길 떠나는 사람의 등을 닮았습니다

저주받은 영혼은 태초에 없겠지요 불신과 불행은 늘

뾰족한 것들을 불러들입니다 새벽이 오는 소리에 당신을 풀어놓아요

*뮤지컬〈노트르담 드 파리〉에 등장하는 집시

코르크나무

너는 시간을 베어 먹고 산다고 들었다

너를 좋아하는 것이 빈 지갑이고 냄비의 받침이고
누군가의 가벼운 모자였던가

껍질을 다 발라내면 새살이 돋는다지

너를 잊은 것은 어떠한 형태로든 식물성 감응
 너를 잊은 것이 발효 된 짙은 빛에 녹거나 서서히 굳어지는 것이다
 너를 잊는 것이 문신처럼 새겨진 네 몸의 숫자와 친해지는 것이다

반쯤 벗겨진 몸이 붉어졌다 검게 변한다
소금기 가득한 대서양의 허리에 비바람이 든다

나를 적시거나 흔드는 것이 아니다
몸의 일부를 보여줄 뿐

〈
너는 끝내 돌아오지 않는 것과
마침내 돌아오는 것

아무 데도 가지 말고 여기 서 있어
달콤하여라 나를 다스리는 잔혹
황홀한 완충이 더디게 온다

첫사랑, 그 화석인간

그가 발견된 지층은 직립의 본능을 숨기고 있습니다

내부의 돌출로
흐르는 줄무늬를 입었거나 두께와 색깔이 다르고요 감정이 넘치거나 조금 모자라
발목이 끊어져 어긋난 적도 있어요

물의 손금이나 바람의 방향으로
저녁의 지층에 정착했지요 물의 이력을 더듬는 순간
정착의 다른 말은 발견이라지요 환호는
등 뒤로 감춰주세요

그의 과거를 캐기 위해 망치는 머리에서 발끝까지 예민해집니다

플랑크톤보다 작은 방어흔도 털어내지 말아주세요
〈

돌의 살을 깨 물고기를 캐내는 사이 사랑은 근육통처럼 사라지고 말았습니다

　혼자 길을 찾아 떠난 사람은 알고 있어요 처음 만난 동굴에 들어가
　다신 밖으로 나오지 않을 거라는

어렵게 복원한 **뼈대**의 서툰 고백에 심장은 비대해졌고
물고기는 물고기가 아니라서
물의 시원을 찾지 못하고 동굴 벽에서
구부정한 직립이 꼬불꼬불 걸어 나와요

빛과 비참 사이에서 중얼거리는 그림자
난 언제 어디에서 그에게 발견될까요

장미의 여자

나는 장미입니다
경계의 의혹으로 흔들린 저녁이 있습니다
나는 휘어지면서 당신의 아름다운 기분을 뜯어먹습니다
바람에 앉거나 먼지 냄새나는 하루를 또 살겠지요
가끔 한 번씩 꺼내 보고 싶은 당신의
체취를 애써 기억하느라 궁금한 이름을 묻지 않습니다
새로 들인 당신의 밤엔 가시가 돋아나 있습니다
어젯밤 당신은 장미를 닮은 얼굴 한 움큼 풀어놓고 갔습니다
찔리는 것은 나의 슬픈 새끼손가락이겠지요
그때 몹시 추웠습니다
바스러질 듯 오그라진 꽃잎이 지상에 떨어집니다
장미쯤이야 하면 그뿐,
남쪽을 닮아 참 차가운 당신
당신은 나의 가장 아픈 곳에 상처를 숨겨두고 가시 속으로 사라집니다
어둠의 끝자락이 퀭한 눈으로 당신을 부릅니다
한 번 잡은 방향과 향기는 전환하기 어렵습니다

꽃잎의 수효를 헤아리느라 바람이 떨어집니다
온몸에 자욱한 붉은 피는 당신의 근황이겠지요
오늘이 와도 오늘이 존재하지 않습니다.
이름을 지우면 아침이 낯설게 흔들립니다
상처를 여미면 당신은 가시 반대 방향으로 돋아납니다
미혹의 내가 거기 서 있습니다

태양이 지고 있으므로

마녀는 우리 주변에 있다

동전이 바닥에 구른다
변하지 않는 것은 죽은 것과 같다
하늘과 구름 사이를 날며 기도한다

큰소리로 사람들의 이름을 불러주는 것은
운명을 바꾸는 법
이미 이루어진 것과 이루어질 것은
소리를 통해 확률을 높인다

구름과 구름 사이
빛이 있으면 어둠이 있다

하늘에 떠 있으면 안다
지상의 꿈이 얼마나 빈한한지

왼쪽으로 기울었을까 오른쪽으로 기울었을까

불안한 기도가 비난처럼 피었다 진다

언젠가는 쓸어버릴 수 없는 속도를 찾겠지

나는 스페인 광장의 플라멩코를 탐닉하고
당신은 파티마 대성당의 기적을 삼키고

오금이 저리도록 속삭여도 끝나지 않을 이야기
동전이 허공을 구른다

감정의 골목

불안이 한 걸음을 어둠 쪽으로 내밀었습니다
무료 뽑기 찬스가 골목에 도착했습니다
오래전 살았던 감정들이 마른 풀로 소문을 닦고
발톱 빠진 고양이들은 착한 부뚜막을 찾아듭니다
낮은 목소리는 불빛 밖으로 튕겨나가고

종일 비 오는 거리를 독한 파스처럼 걸었지요
청계천 물소리에 무릎 통증은 던져놓을 만했습니다
빌딩들은 구석구석 밝은 몸으로 서 있을까요
술 취한 의자는 더딘 하루를 눕히는 중입니다
몰려가는 것들 당도하는 것들의 내일은
어디에도 없습니다

골목을 펼치면 젖은 어깨만큼 벽이 세워집니다

질주하는 차들의 길은 언제 비워질까요
골목은 술렁이라는 무거운 옷을 입었습니다
담쟁이는 무너진 돌담을 한 뼘씩 삼키고

다시, 무료 뽑기가 도착했습니다
우연은 이웃한 골목에서만 사용 가능합니다
불안은 꽝이거나 다음 기회를 모조리 숨깁니다
고양이 울음이 젖은 날개를 말립니다

묻는다

지는 꽃 옆을 왜 기웃거리는지
이제 막 싹 틔우는 씨앗을 어디로 데려가는지
자작나무의 흰빛은 하늘에 닿는지
하늘 밖에 또 다른 하늘이 있는지
바닷속 오랜 유물들이 숨을 쉬는지
해바라기가 가을에 고개 숙이는 이유를
가마 속 옹기가 잘 익고 있는지
종일 내리는 비는 어디쯤 가고 있는지
향나무를 꺾어 머리 위에서 태우는 유목민들의 기도를
얼지 않는 호수가 누군가의 마음을 비추는 이유를
붉은발슴새가 그 섬에 온기를 두고 온 까닭을
나를 빼닮은 계곡이 속살을 보여주는 이유를
뜨거운 입술에 스친 사랑이 얼마나 깊은지
건들건들 청보리밭을 흔드는
신을 섬기다 신의 성지가 되어버린 너는
얼마나 순결한지

2부

얼음의 불

얼음에 입술 데인 적 있다
얼음에도 불이 숨어 있었다니
붙잡고 놓아주지 않는 불꽃은 북극에도 적도에도 있고
녹지 않는 사막에서 여우가 빙하를 주유한다
여우의 꼬리는 혀를 닮아
얼음의 둘레를 살살 더듬기도 하지만
얼음은 깨물어 먹는 동안의 즐거움
사각의 시원함 대신 사막의 서걱임을 동경한다
처음부터 즐거워지려는 속내는 아니었다
원시는 차갑고도 차가워 혀에서 뿔이 자란다
그것도 한때 불이었다 그 불에 데인 적 있다
모래 같은 믿음은 뒤통수를 송두리째 날려버렸다
말은 말을 낳고 화인(火印)이 깊게 박힌다
폭염이 지상에 오래 머물고 있다
불을 다스리는 건 남겨진 자의 몫이다
사물은 같은 형태로 오래 지상에 머물지 않는다
그동안 내가 깨물어 먹은 건 얼음이 아니라
불이었다 입 안 가득 얼음을 돌리며 간신히
숨을 참는다

아무리 지워도 지워지지 않는 것들에 대한 용기

　제멋대로 자란 나무가 가을 한가운데를 통과합니다 꽁지 빠진 새가 나무에 앉아 흩어진 기억을 쪼아대고 부화는 완벽해 지루합니다 뿌리에서 품지 못한 울음이 바람에 닿으면 열매는 슬그머니 바닥에 떨어져 구름을 음미합니다

　새의 날개가 사라진 방향에서 누구인지 말할 수 있는, 그 누군가를 생각하며 여러 날을 말없이 보냅니다 생각의 깃털에 노란색이나 흰색으로 경계를 긋다가 세상에 이렇게 재미있는 빗금 표시가 있나 졸지 말아요 노란 빗금과 흰 빗금은 부득이한 가을 태풍을 피할 수 있는 안전지대일지 모릅니다

　구름 사이로 사라진 새가 지하에서 올라옵니다 에스컬레이터를 올라와 몇 걸음 오른쪽으로 골목이 있습니다 그 골목으로 몇 걸음 걸어가면 왼쪽으로 망각의 간판이 어둠을 밝힙니다 간판 앞에서 높은 나무는 가지치기를 당하고 가지런한 죽음 충만한 별점을 치며 끝없이 수수께끼를 품니다

　〈

예리한 칼날 위를 걷듯 제 살을 뚫고 나온 나뭇가지의 단장(斷腸)이 희미한 달빛에 내려앉았습니다 어두운 빛 속에도 얼마나 밝은 빛이 있는지 모릅니다 나무의 꽃들은 풍성해지고 꽁지를 바짝 든 새들이 날아갑니다 다시 빗금을 긋다가 지우다가 안간힘을 쓰며 어둠 속 웅크린 빛을 따라갑니다 가을빛은 어떤 색이든 섞여본 적이 없습니다

변명은 열린 적 없는 상자 안에 있었다

이번 생은 네가 주연

나의 장르는
사이프러스가 끝없이 펼쳐지는
경계가 지워진 길에 잠시 주차 중입니다
달릴수록 매캐한 독소가 폐부를 찔러대도 웃지도 울지도 못하는
방관자라는 사실에

때론 슬프기도 하지요
곧 도착하게 될 공중호텔은 얼마나 아늑할까요

하나의 별
우주 여행자
바위 틈새에 숨어 있는 폭포
푸른 늑대의 기개

원하는 대로 보이는 대로 생각하는 대로 벼랑 끝 외길에 목마른 말이 산을 오릅니다

〈
사막에 가면 외롭지 않아요
하늘이 잔뜩 흐린 날에도 달을 볼 수 있습니다

신발 밑창에 달라붙은 껌처럼 집착이 빼곡한
가장 단순한 빈자의 이야기 들어보셨나요

얼마나 많은 사람들이 고뇌와 열정을 녹여
한 편의 작품을 만들었는지 알 수 있는 흔한 방법은 영화의
마지막에 계속되는 깨알 같은 자막,
엔딩 크레딧을 보는 것입니다

아마 나는 생에 단 한 번도
내가 연출한 이 위대한 작품의 엔딩 크레딧을 볼 수 없을 것입니다

벌써 일어나시려고요? 한 번도 공개된 적 없는
네가 주연인 쿠키가 상자에 들어 있는데요

사과나무 카페

계단조차 없는 벽장에 사과나무 카페를 차렸다

카페 천장에서 백열등 하나
부스스 깨어나고
처음부터 햇빛은 창문의 것이 아니었다

나를 닮은 그릇들이 하나둘 늘어가고
집의 중심이 벽장으로 옮겨갔다

마음대로 허리도 펼 수 없는
낮은 카페에서 날마다 사과를 깎았다

아무 잘못 없는 벽만 뚫어져라 쳐다보았다

카페는 점점 사과로 채워져 껍질이 쌓이고
먼지가 쌓인 그릇들은 본색을 잃어갔다

사과나무 카페에는

사과나무 꽃이 피지 않았다

줄곧 어느 갈피를 찾아 뜨거운
밤이 휘리릭 지나가고 있었다
창문너머 유령이 보였다, 안 보였다
나 아닌 내가 거기 있었다

벽장에 갇힌 카페는 어느 계절에만 열렸다

사과나무 없는 사과나무 카페
이름만 있는 사과나무 카페에서

종일 그릇처럼 사과를 닦았다

바퀴의 창고

당신이 가려던 곳을 찾았어요
참 넓은 곳이더군요

그곳에는 갈참나무가 꽃을 피우고
자전거 바퀴가 사슴벌레를 먹고 있어요

플라타너스 그늘이 보이면 당신이 나타나고
아이들은 흙바닥을 뛰어다녀요

날카롭게 닫힌 문은 언제 열리나요
알 수 없는 소리 들을 수 없는 소리는 창밖에 널어놓아요

둥근 돌로 방문을 고정시켜 햇살을 불러와요
한 끼 거른 햇살이 눈부시죠

그래도 주저앉고 싶은 순간이 있어요

기대하지 않아도 마주하는 당신

아무도 이상하게 보지 않아요

덜컹거리는 길은 길만큼 깃대를 꽂고
어디에든 깃발은 넘쳐나요

무심코 돌린 궤적을 허공에 저장해보아요
저, 비어있는 동공 말이에요

종(種)의 습격

속눈썹에 바늘이 살고 있다
사람을 만나는 순간 쓰윽 찔린다

소문을 발설하기 직전의 혓바닥은
상냥하다 입을 다문 꽃눈은
귀를 열어 상처를 개봉한다

살의(殺意)가 잠든 경건한 시간이 되면
이쪽과 저쪽, 너와 너의 나,
틈과 틈 사이 꽃의 단풍들이 걸어다닌다

하루에 몇 번이나 행복하세요
한 번에 펠 수 없는 흉터를 문지르며 눈을 깜박이나요
오늘은 기분이 좋아 보이네요

가장 강한 종은 힘이 세거나
탁월한 변장으로 살아남은
독종이라는 거지요

〈

단풍의 망막에 고요의 체념이 들어있어요

붕괴된 꽃들 멈출 줄 모르고
빨강의 채찍이 말의 엉덩이를 후려친다

겹눈들이 출몰해 물에 빠진다

조용한 식탁

기울어지지 않도록 우리는 둘러앉는다
그는 하루의 안부를 묻거나 나는 시시콜콜한
말을 밥그릇에 퍼담는다

헐거워진 다리들이 식탁을 들어 올린다
어느 날 식탁 유리가 깨졌다

나는 분명한 것을 원했고 그의 태도는 늘 희미했다
점점 둥글어지는 그의 표정이 마음에 들지 않았다
통통하게 살이 오른 몸도 미워졌다
점점 우리의 삶은 식탁을 닮아 애매모호해졌다
둥근 것으로부터 쨍그랑거리고 싶었다

카페나 술집에 가도 둥근 탁자를 피해 앉았다
모난 돌처럼 모난 말이 튀어나왔다

두루뭉술한 것들이 나에게 머리를 숙이기 시작했다
뾰족하게 그것들을 복종시켰다 나는 뒤돌아보지 않았다

누군가가 화해의 손을 내밀었지만

둥근 식탁을 버리고 사각 식탁을 들였다
이제 그 식탁엔 마주보고 앉을 일이 없다

그의 맞은편엔 텔레비전이 앉았다

골목 안 빨간 의자

1

세탁소 앞에 의자 하나 놓여 있다

체취가 멈춘 듯
이별이 말똥말똥 앉아 있다

2

골목으로 들어온 눈이 의자를 훑는다

한 손으로 머리카락을 쓸어 올리며
화장을 고친다 손끝에서
감출 수 없는 불안이 태어난다

빨아도 말려도 지워지지 않는 기억은
의자에 꽃 한 송이를 내려놓고
돌아선다 낮은 차양에 걸린 옷이
주인을 흔든다

3

골목을 벗어나면 골목이 나온다

모자를 쓰면
골목이 외로워 보였다

속내를 발설하지 않는 것이
골목의 불문율이다 벽에 부딪힌
그림자가 사라진다

반짝이는 것은 맥락이 없다
의자는 부지런히 몸 어딘가에
별을 숨겨놓는다

4

계절을 알 수 없는 옷들은 그늘이 되었다

어둠을 먹고

끝내, 골목이 되어버린 의자에
소복소복
별이 자라고 있다

바람박물관[*]

나무와 나무로 지은 집
나무지붕 사이사이로 하늘이 보인다
나무로 된 벽 사이사이로 봄꽃들이 보인다
고요만이 오롯하다
나는 아무것도 없는 것이 어색해서 가만히 눈을 감는다
집 중심에 서서

붉은 명정(銘旌)을 두른 나무 관(棺)이 보인다
장의사를 하는 아버지의 친구가 마련해준 집
마지막 선물이라고 하자
어머니는 더 숨죽여 운다

고물자전거를 말처럼 타고 다니던 아버지
눈이 내리는 날에는 아버지의 몸에서
사리 같은 얼음들이 떨어졌다
가난이 뚝뚝 녹았다
처음 다급하게 돈을 벌고 싶었다
〈

아버지의 환한 모습이 정적 속에 부유한다
나무의 옆구리를 뚫고 칼날 같은 햇빛이 박힌다

이 집에는 아무것도 없는데 있다
아버지와 나를 두고 박물관을 빠져 나온다
바람이 불고 있다

*제주도에 있는 건축가 이타미준의 작품

나는 아주 오랫동안

오래 걸었던 땅속에는 까마득한 과거가 숨어있다
과거는 과거에 두고 오는 게 훨씬 좋다
기억을 지우려고 묻어두었다
기억이 없다면 슬픔이 아름다울 텐데
후각을 잃었다
둘로 갈라지는 것은 내가 번져가는 방식
매번 처음이듯이
옅은 탄성이 그르렁거린다
들키고 싶지 않은 하체를 대지에 묻어두고
보이고 들리고 뱉어버리고 싶은 것들
나는 차도르를 쓰고 사막의 시간으로 가서
지우는 일에 몰두한다
헛된 것에 대한 약속은 눈빛에 비릿한 가시가 돋친다
길을 가다가 예측하지 않았을까
나는 달콤하게 지워진다
나는 아주 오랫동안 죽었다

음모

당신을 보내려고 합니다
그것은 당신에게 가까이 다가가려는 나의 순수한 음모입니다
봄 당신을 불러봅니다
나는 당신의 등 뒤에 숨어있습니다
정물화처럼 각인된 당신을 잡을 수도 놓칠 수도 있습니다
당신은 언제든지 그 자리로 돌아오지요
그것은 사람들이 붙여준 이름
누군가 당신을 부를 때 나는 내 이름을 꺼냅니다
화창한 따뜻한 꽃피는 이런 말들이
맞춤옷처럼 잘 어울리기도 하지만
일 년 내내 아니 죽을 때까지
나의 발칙한 음모가 드러나지 않도록
나는 슬쩍 당신의 등을 떠밀지요
나는 여름입니다

죽문설방(竹門說方)

4월과 5월에 내리는 비를 흠모하는 것은
대나무의 오랜 습성이다

바람도 불지 않는데
눈썹달처럼 대나무숲이 휘어지는 건
무림의 고수들이 낭창낭창 싸움을 하기 때문이다
쉽게 모습을 흔들고 쉽게 날아다니는 댓잎에
맹렬히 무사의 칼날이 땅을 긋는다

주인공은 어느 순간 어느 장면에서 죽을까
끝없이 원수를 찾아 세상을 떠돌거나
피로 물든 칼을 바라보다
스스로 허무를 버리는 것은 아닌지
녹슨 허무가 되는 것은 아닌지

무림의 배후를 조작하다 실패한 방주의 허명처럼
태어나자마자 적의 칼날에 죽어간 죽순은
어둠의 둥근 유형이다 베면

베이리라 마디마디마다 배신이 숨어있는 죽문의
금과옥조다 우후, 위험을 알아차릴 새도 없이 허망하게
장엄하게 잘린 잘려서 내 젓가락을 기다리는

너의 원수는 누구인가

14층

밤에도 환하게 지상을 밝히던 노란 꽃무늬

속이 시끄러운 TV에서 선덕여왕이 기우제를 지내고 있었다

나쁜 기억은 쓸데없이 정확하고 14층 창문이 열려있었다

14층은 지상에 더 가까운 거리, 치마에 피어 있던 꽃들이 까르르 날아올랐다

여왕의 발은 끝내 드러내지 않고 기우제도 끝나지 않았는데

경비아저씨는 시멘트 바닥에 물을 뿌리며 조용히 흔적을 지우고 있었다

죽을힘을 다해 뻗던 손은 허공에 멈춰 올올이 풀어졌다

눈꺼풀 속으로 무수한 바늘이 내려와 찔러댔다
〈

벽속의 울음을 꺼내면

놓친 당신의 손을 잡을 수 있을까

생각을 떨치려고 수영을 배웠지만 중이염이 도사리고 있었다

여름내 엘리베이터를 두고 계단을 오르내렸다

서쪽으로 가는 길에 대한 스무고개를 연구했다

기우제를 닮은 끈적한 얼굴이 마른장마처럼 이어졌다

당신의 얼굴이 내 얼굴에 겹쳐지는 동안 여름이 가고 겨울이 왔다

죽은 시간 밖에서

꽃을 지우니
모습이 기억나질 않는다

표정을 버린 저 이파리들
봄을 만나
어떤 옷을 입고 외출했는지

연기처럼 사라진 기억이
죽은 시간을 한 칸씩 불러들인다

폭설처럼 길에서 마주치는
무성한
입의 가시들

허리 휘지 않아도 입 없이 태어나는 것들
금세 잊혀 붉은 입술이 되고
얼굴은 등 돌려 뿌리를 걷어차고
〈

허공 휘어지게 잡고 있는 가지의 외면은
얼마나 두려운 곡예인가

소문 이후에도
감정 이전에도

차마 기억나지 않는 열매를 달고
보내지 않아도 종종걸음으로 꽃은 떠나고

보헤미안

늦었지만 늦지 않았어
높은 감나무에 올라가면 감을 다 딸 수 있는데
편도선이 붓는다

가느다란 줄과 장대를 타고
공중을 날아간다
빨간색 구슬과 사과가 부딪치면
석류를 낳는다
연잎에 지팡이를 꽂으면
우산이 된다
쓸모없는 상상을 쏟아내면
시선의 끝이 춤을 춘다

어둠이 분다
빛이 보이질 않는다
빛을 잃은 달이
검은 어둠 속에서 활활 타오른다
어떤 빛은 해변에 쓸려 온

불가사리처럼 움직이지 않는다

허방마다 그들만의 세계가 숨어있다
눈치를 훔치던 고양이같이
시선은 미간만 살짝 들어 올린다

아무도 모르는 사이, 불쑥 나타난다
알 수 없는 힘이 센 냄새를
코끝에 묻히며 달아난다

3부

마법이 통했어

종소리가 3번 울리면
물에 빠진 신발이 돌아온다고 했지
뭉근하게 오래 끓인 주스가
와인으로 바뀐다는 와전이 아름다운 건
그 속에 푸른 눈동자의 질투가 숨어있기 때문이지
지중해를 한 그릇에 담는다면 무슨 맛일까
당신의 라따뚜이는 당신의 맛
세잔의 비가 쏟아지기 전날 산을 지운 물안개는
좋은 기억만 떠올리게 하는 마법의 변주야
숨이 멎을 것처럼 나는 아흔아홉 계단을 오르지
그 누구도 기억하지 않는 붉은 꿈속에선
당신을 위한 프로방스의 주문을 외워야지
왜 와인은 세 번째 종소리 끝에 살아 있어요
발소리가 끝나는 물 밖으로
검은댕기해오라기가 파문처럼 당신을 물고 왔지
절대 오늘이 끝나지 않았으면 좋겠어

여름의 끝에서 낮은 소리로 말하는 법

녹고 싶니
불심검문에 걸린 소리가 어딘가로 한꺼번에 끌려간다
어지럼증을 머리끝까지 뒤집어쓴,
끝을 알 수 없는 설원이 녹는 기간에만 열리는 이석의 경계다
저녁이 닿는 곳마다 눈이 녹아 고요를 막고
혼자선 절대 빠져 나갈 수 없는
숫눈에 찍힌 마멸(磨滅)의 긴장이다
혁명을 꿈꿔본 적 없는 거리에서
혼자 남은 매머드가 중심을 잡느라 하얗게 핏발이 선다
높고 거친 눈송이들이 내 귀를 통과해
균형을 잃은 어금니 하나 흔들린다
한 번도 열린 적 없는 몸의 지퍼가 열리자
지우고 가리고 숨기고
듣고 싶지 않은 날들이 흘러나온다
안의 소리에 갇혀 세상과 불화한 점멸의 시간이다
불을 끄면 희미한 불빛이 돌아오고

통증 한 뭉치에 끈을 묶어 정박하자
진술을 거부한 소리의 배후가 드러난다
여름이 주르륵 녹아 작은 돌 속으로 스며든다

눈 내리는 등

눈이 쌓인다 등이 쌓인다
등을 밟으면 뽀득뽀득 소리가 난다
등이 눈처럼 쌓일 때 수많은 이별을 밟고 당신이 온다
등을 보이지 않으려고 여기까지 왔다
당신은 나의 등뼈를 밟고 그 먼 소식 없는 길을 가버렸다
쌓인 눈의 등을 밟는다
눈이 오듯이 나의 등이 온다
닿는 길마다 등이 수북수북 쌓였다
당신은 나에게 등만 보여주었다
등을 생각하다가 내 등은 굽었다
펄펄 눈이 내린다
하얗게 하얗게 등이 쌓인다
나는 등이 너무 많아서 등이 모자랐다
나는 등을 보여주지 않았다
등은 때때로 고독사라는 이름으로 나의 방을 저벅거렸다
 백골이었고 쉰밥이었고 불어터진 라면이었고 찌그러진 냄비였고 낡은 이불이었다
 등에 하얀 이끼가 서렸다

굽어진 등이 유모차를 끌고 지나갔다
나는 절벽 같은 큰 등 하나를 가지고 있다
나의 등은 최초와 최후를 신봉하는 등
발자국을 남기며 나의 등은 간다
나는 아름다운 오해로 그 최초의 등을 돌리고 싶다
내가 떠나보냈던 최후의 등이 눈을 밟고 걸어온다

뉴스의 뒤쪽

소문은 덮어두기로 한다
살기 위해 스스로 꼬리를 자르는 도마뱀처럼

순간은 지나가니까 바로 말해야 한다
장마에 떠내려간 소문을 건져 먹었다
유효기한이 없는 것들의 부작용은 불가항력이다
귀가 점점 커지거나 사춘기 소녀처럼
가슴이 부풀기도 하고 쓸데없는 곳에
털이 자라기도 한다

공기가 잘 통하는 브래지어가 있어야 해
쫑긋한 것들로부터 간을 지키려면
단추가 많은 옷이 필요하다

장마가 지고 태풍이 온다는 말은
하늘에 떠 있는 문장이다
목이 말라서 죽은 사막 레이서의
사투는 누구를 위한 것인가

〈
죽은 이를 기리기 위해 떠나는 버스는 만석이다
부지불식간에 유효한 여분의 이름표를
가위질 하는 아찔한 오후

숨을 쉴 때마다 왜곡된 문장이 자꾸 발설됩니다
장마는 언제 그치려나요

카페 블루

개띠 삼촌들이 카페를 차렸다

한사람은 요즘 말로 돌싱이고 한사람은 명퇴자다
그들의 대화는 늘 거창하게 세계를 걱정하는 이야기부터 시작해서
지나가는 여자의 각선미를 품평하다 끝이 난다

버스가 멈출 때마다 밖으로 향하는 눈길

카페 문은 열릴 줄 모르는 듯 열리지 않고
창가를 꿰찬 로즈제라늄이 햇빛을 끌어들인다

돌싱이 찻잔에 코를 박고 이쑤시개로 무언가를 그리고 있다
"젠장. 나뭇잎을 그리려고 했는데 축구공이 되었네."

길 건너 콩나물 국밥집에서 나온 사람들이 자판기 앞에 모여 있다
말을 끊은 두 사람이 그들을 보고 있다

〈

  따뜻하게 데워진 찻잔들이 커피머신 위에 올망졸망 포개져 있다
  개업식 날 딱 한 번 쓴 찻잔들도 있다
  지중해풍 간판 옆 선팅 된 개척교회 십자가가 반쯤 지워져있다

  버스가 지나가자
  천정에 매달려 졸던 드림캐처가 미약하게 흔들린다
  아메리카 원주민의 기도는 도착하지 않고

  드림캐처에서 떨어져 나온 깃털 하나가
  솟구치다가 바닥에 닿기 전에
  햇빛이 화들짝 손을 뻗어 받친다

펜화

사라져도 보이는 구멍들이 있다
그 앞에 서면 이야기를 나누는 나무 평상들 돌담집 간판이 먼지를 뒤집어쓴 채
담배와 막걸리를 팔고 있다 삼거리 약방에서 봉평 상회에 이르는 길에는 문방구에서
군것질하는 아이들 미미네 미장원에는 곗돈을 챙겨 도망친 여자의 욕이 잘려나간 머리카락만큼 수북하다 행운 떡집에서 모락모락 김을 내뱉는 수건들이 동네의 비밀을 나눠 먹고 있다 느티나무 아래에는 군용바지가 훈수를 두고
코를 골며 잠든 검둥이가 녹슨 자전거를 지키고 있다

길고 가는 점들이
무수한 선들이 모여 정교해지는 풍경들

손을 뻗어 들리지 않는 사연을 건드린다
빛바랜 우체통이 서 있던 길에는 건널 수 없는 신호등이 켜져 있다
〈

평평한 구멍을 들여다보면
거기 꽈리를 부는
당신의 당신이 환하게 보인다

장면의 중심

박수 한번 주세요
모든 행동은 리액션이다
모든 사람들은 나와 다른 장소에 있다
보이지 않는다고 빛나지 않는 것이 아니다
아무리 착한 사람도 때론 벼락을 맞는다
입술이 파래지면 어혈은 몸속으로 파고든다
덩어리로 되어 단단하고 심장을
누르면 통증이 발광을 한다
쓰다듬는다고 꽃이 피지는 않는다
우리에게는 잠들기 전에
물러앉아 쉬기 전에 가야 할
먼 길이 있다
서서 보면 더 멋있어
저것은,

백 년 동안의 역

별 하나가 눈을 감았다 뜨는 동안
나에게 검은 역 하나가 생겨났습니다

길을 잃어버린 아이는 한 방향으로만 걸어갑니다
길은 아이에게 아무것도 알려주지 않고 안개를 풀어놓습니다

초록이 서툰,
백 년 들판을 바라보고 있는 내가 보입니다

막소금 냄새를 품고 돌아오는 먼 길
동백꽃이 땅으로 몸을 던지고 내일이 붉게 연장됩니다

오늘보다 별빛 아름다운 역은 너무 멀리 있습니다
한 방향으로 걷던 아이가 빠르게 달려오는 소리가 보입니다

줄무늬를 입은 뭇별의 하늘에 길 잃은 역이 태어납니다

어떤 후회

난간에 서면 환청이 들렸다 21층의
낮과 밤이 뒤엉켜 울렁증이 수직 낙하했다

봄날을 맘껏 누리라는 문자도 의심하지 않았지만
미완성 교향곡이라는 시 제목이 슬프게 들렸지만
그는 아무 일도 아니라며 큰소리로 웃었다

내가 세상을 떠도는 사이 그녀는 천년을 산다는 나무가 되었다
  딱딱하고 헛헛한 것들을 주섬주섬 꺼내 나무에 걸었다

21층 천 년의 나무에 매달린
나의 사과는 오렌지 오렌지의 사과

오렌지를 침대 위에 쏟았다 달곰한 사과로 번졌다

사과껍질 같은 변명은 흔하디흔한 입술
움푹한 말들을 들여다보면 움직이지 않은 혀만 남아 있었다

고개 돌리지 마 핑계는 바닥이 아니라고

나의 사과의 오렌지는 오므린 손바닥으로 저녁을 채웠다
아침이면 사과의 목례를 한 줌 움켰다가 공중으로 뿜어냈다
천 년의 나무 뒤에 숨어 사과 붉어지는 소리를 들었다

변하는 것이 많아질수록 변하지 않는 것도 많았다
똑같은 표정으로 오늘의 기억을 지워 계절에 버렸다

여름이 오지 않았는데 가을이 난간에 찾아왔다
그가 내 오렌지의 사과를 주목하고 있었다

소원을 소비하는 구간

운을 믿는 순간 사자가 나타난다
믿음은
신의 영역이 아니다
행운이든 불운이든 덥썩덥썩
죽은 생명을 붙잡는다
하지나 동지의 길이는 절정의 순간처럼
짧다 간(間)은 너무 느슨하다
마의 구간에서 심장은 썩어버리고
소원은 비는 것이 아니어서 외우거나
날마다 조금씩 소비한다
말하는 대로 이루어지는 것은
신을 섬기는 자들의
새빨간 거짓말 아프리카 케냐에 사는
사자의 입이 쩍 벌어진다 귀밑까지
환하게 찢어져 초원을 덮는다
신은 단 한 번도 우리에게 내일을
약속한 적 없다 어긋난 시차는
발목을 부러뜨려 허공에 건다

창백하고 푸른 섬의 언저리에
웃지 않는 탈이 뜬다 한 잔의 술은 멀고
나는 아직도 소원을 빌려 쓰고 있다

몰두

술병을 뒷주머니에 꽂은 사내의 등이 휘어진다

가뭄으로 낮아진 수위의 겹들

낚시꾼 몇 가끔씩 일어섰다 앉았다 한다

오리배가 맴돌다

저수지를 끌어안는다

사내가 종이컵에 술을 따른다

자세를 고쳐 앉고 다시 모자를 눌러쓴다

담배만 물고 있다

아버지는 저수지를 보며 무슨 생각을 했을까
〈

내가 어떤 생각에 몰두하는 사이

사내도 낚시꾼도 사라졌다

폭염이 엇갈린

저수지는 다시 모르는 풍경이 되어갔다

어쿠스틱 기타

손에 깍지를 껴자 음악이 흐른다

완성되지 못한 문장들이 혀끝에서 흩어지고

내 마음의 오류는 어디서부터였을까

비스듬히 벽에 서있는 너를 보면

아무도 모르게 밤새도록 안고 싶었지

오직 너 때문에

밤을 새운 것은 아니었지만

우리의 이야기로 꽃이 피고지고

진흙을 구워 만든 줄 하나가 허공에서 춤을 춘다
〈

춤은 불투명하지만 아무도 버리지 않는다

누군가 저 소리를 멈춰버리면

지독한 너의 흔적이 사라질까

시간 속에 남겨진 바닥의 힘을 꺼내먹는다

눈을 감으면

외딴 절벽 어딘가,

네가 우는 자리에 열리지 않는 문이 있다

꿈꾸는 어항

손은 소리가 없고 입이 툭 풀린다
버렸다고 생각한 마음을 버렸다

앞산에 몰래 심은 금붕어가 어항에서 자라고 있었다
한밤중에 생선 대가리를 자르고 있는 내가 보였다
슬쩍 떠내려 보낸 친구의 모자가
옷걸이에 걸려 있었다

저물녘 길에선 발이 바닥을 모르고
어항의 수초에서 어둠처럼 생선 비린내가 풍겼다
모자 속 같은 사거리에서 아주 잠깐 길을 잃었다
금붕어도 토끼도 나타나지 않을
이상한 주문을 외며 앰뷸런스가 나타났다

여기 사람이 있어요 사람이
사람이 내 영혼인 줄 알았다

마음을 들키는 것이 부끄러움인 줄 알았다

툭툭 마음을 잘라내는 것이 더 힘든 바닥인 줄 알았다

길에 누워 있는 나에겐 부드러운 수초도 없었다
어떤 붉은 소리에 홀려 침을 질질 흘렸다

어항의 물이 흘러넘쳐 시야가 깨어나지 않았다
울컥울컥 사람을 게워내고 있었다

사막의 어미들

갓 태어난 새끼낙타가
사막 한 가운데 누워있다

젖을 먹기 위해 버틸 수 있는 사나흘
동쪽으로 흘러가는 봄의 마른 행로
모래가 짐승처럼 운다

낙타의 눈에 수위를 알 수 없는
물이 차오른다 여간해선 사막을 달리지 않는 낙타가
달리고 달린다 울음을 건너온 바람이
낙타의 텅 빈 몸에 걸어 놓은 마두금을 켠다

끝내 발목을 펴지 못한 새끼낙타
낡은 천 한 가닥에 바람이 묶여있다

파란 모래언덕을 넘어가는 그림자
발자국도 없이 한 점으로 소실된다
바람으로 지워지는 길은 좀처럼 바뀌지 않는다

〈
떠난 것들은 잠시 돌아올 뿐
머물지 않고 어미의 눈 아래 움푹 파인
사막의 보조개에 물이 솟는다

죽음은 고여 삶을 기른다

권태를 먹다

너를 먹어 볼 거야
포도송이가 다 내 편은 아니잖아
잘 다듬어진 불멸을 위해 사진을 찰칵 파노라마를 쌓아요
날마다 아침을 맞이하는 일은 드라마가 아니야
두리번거리며 자유를 죽이는 것은
착한 아이 증후군에 매료된 것처럼 목이 마르지
허기를 메우는 매미들의 울음은 무슨 색일까
가지와 가지 사이로 뱀이 날아간다
파도처럼 온몸을 구부리며 빛을 삼킨다
바람이 방향을 바꿉니다
오후 4시의 에스프레소는 나만 아는 낙원
물속으로 쏟아지는 햇살과 푸른빛은
다음 생에 가져갈 단 하나의 기억
꽃잎을 나에게 날려봐
스치고 사라지는 나의 거짓말
오늘은 숨긴 너의 반쪽 얼굴을 보여줘
배부른 자의 안녕을 빌어

4부

불꽃놀이를 하고 있습니다

시를 쓰든 밥을 먹든 욕을 듣든
개꿈에 나오지 않길 우리는 기도하지
나를 해석하는 방법이 필요해
냉소는 너무 뜨거워
흉터는 영원히 묻어야 해
슬픔은 경계가 헐렁해서 애틋하다
우리는 죽고 싶어 하지 않아 죽음이 죽었지
얼굴은 각자의 시계 방향으로 도는 순간의 합
은유를 숨긴 비행기가 밤하늘을 날아간다
연대하는 밤이 흩어집니다
환호하는 불의 꼬리
검은 하늘에 한 그루 소리가 자라고
사라진 빛의 끝이 눈을 찌른다
캄캄한 눈이 켜졌다 닫힌다

말의 담장

　패턴과 흐름과 물오른 방향성이 좋아
　지형에 따라 담장은 뛰어난 경관을 배경으로 용기와 타협한다
　열매가 없는 나무도 잎사귀가 없는 나무도
　더 높은 뿌리를 향해 빛과 그림자로 얽히며 살아간다
　그늘을 남겨 휴식을 가두고
　담장은 태어 날 때는 다 비슷비슷, 끝날 때는 다 다르다
　시큼시큼한 의문에 대한 해답이나 불가역적인 상황은
　한 발짝도 움직일 수 없는 담장의 한계다
　담장 안은 너무 평온해서 숨이 멎을 것 같다
　무슨 일이 일어나는지 아무도 모른다
　한 번도 담장을 벗어난 적이 없는
　담장 안의 나무는 평생 똑같은 이야기만 하며 붉게 나이를 먹는다
　계절이 바뀌어도 옷을 갈아입지 않는다
　말은 담장 끝에서 균형을 잡지 않으면 떨어질 것 같아 날마다 줄을 타는 기분이다
　담장 밖 세상에 떠돌던 모순 한 조각이 종일 내려와

무늬 없는 흰 빗돌에 번진다

경계를 쌓아도 접점이 되는 행과 행 사이의 담장이 높다

오늘 밤 꼭 만나야 하는 귀인이 온다고 한다

깊은 밤 남의 담장을 넘다 오른쪽 눈이 멀었다

외눈박이는 진짜 귀인 같은 건 없다고 말한다

심금을 울리는 모순은 착각과 환시를 불러온다

담장을 타고 오른 말들이 깊은 잠에 빠져 어딘가로 사라진다

담장이 아름다운 것은 담장이기 때문이다

사라지는 모든 것들은 사라졌다가 담장 안에 남는다

말에 담장을 두르려다 마음의 담장을 허물어버렸다

듣습니다*

땅이 갈라지는

근처의 웃음

물푸레나무에 연두로 오르고

목련 한 점 흰빛을

허공에 건다

절정에 닿으면

세상은

알 듯 말 듯

소리로 붐빈다

소란이 고요하다

신(神)은 귓속에 산다

* 마더 데레사 기도에서 인용

열쇠

아무 일도 아니라는 듯
땅속의 고요 슬며시 밀어 올리자
마당에 고인 햇빛 출렁입니다
대추나무로 향하던 바람 한 자락
땅의 가슴 쓸어 당신을 깨우고요
겨울의 손길 스친 자리마다
꼭꼭 닫아건 입들
닫힌 것은 문일까요 내 마음일까요
아무도 열려 하지 않습니다
새들 날아와 허공의 소리 비틀어도
손안의 비밀 감출 수 없습니다
당신의 안부를 묻기 위해
화분 밑에서 약속을 꺼냅니다

꽃의 유서

어떤 불안이 꽃을 밀어 올린 것일까

잠깐 다녀간 볕의 끝을
맨 처음이라 생각해 몸을 옮겨 앉은 것은 분명
꽃의 착각

후회는 앞서가는 온도를 되짚어오는 일

내가 한때 걸었던 길은 겨울에 닿아 있고
그 먼 길을 되돌아 올 수 없어
봄의 그늘에 들었다

꽃의 체온으로 살아가는 저 빛깔 속에서
눈 멀었다 깨어나자
내 속에서 잉잉거리는 연두의 황망

속절없이
하혈의 산 오르다, 오르다가

〈

문득 피는 것은 지는 것이므로
흙발 툭툭 털며 산이 열리고

일찍 불안을 피운 꽃은
새로 유서를 쓰지 않는다

고슴도치 딜레마

이불 속에 고슴도치를 숨겨놓자
시간의 경계에 돋아난 가시가 나를 찌른다
상처도 없는데
손바닥보다 흰한 곳에서 검불이 묻었다
가벼운 것들은
어딘가에 다가가려 할 때마다
앞을 막아 방향을 모호하게 한다
가시를 세워 힘껏 달려도 닿을 수가 없는
거리에 당신이 있다 처음이라 서툴러도
어디든 함께 도착해야 한다 했지만
문을 나서기도 전에 사라졌다
허물없이 허물을 벗는 당신 때문에
아파보지도 못한 뾰족한 슬픔을 내려놓았다
가시 끝에서 검불을 떼어내려다
이불 속 하루를 노릇노릇 구울 뻔했다
가시는 점차 물렁해져 식탁에 오르고
내 눈에서 하나씩 가시를 뽑아
오늘을 찌른다 당신 대신 어둠이 흘러나온다

잘 익은 시간이 발소리도 없이
나를 통째 먹고 있다
혼자의 넓이는 넘쳐흘러 깨질 수 있다
가장 초라한 저녁이 다가오고 있다

리무진

할머니 벚꽃 길 따라 가네
천천히 살다 가네

스물여섯 해 기다려 온 할아버지께
삼베옷 차려입고 신혼 방에 드네

백발 어린 딸은 오늘밤
어머니 외롭지 않을 거라고 손뼉을 치네
바람 든 무릎은 절하기도 버겁네

당숙은 좌우명이 굵고 짧게라며
연신 소주잔을 비우네

100년을 굽이굽이 떠돌던 할머니
동전 삼만 냥
쌀 삼천 석 입에 물고

마을버스 타고 다니던

그 길 따라

리무진 타고
마을 뒷산으로 시집가네

벚꽃 향 분칠하고
오래된 남편 품에 안기네

질문의 거울

아주 천천히 흐르는 시간이 있다

시간이 없어 안 웃는 것이 아니라 웃겨주는 사람이 없는 것이지요 웃을 일이 없어 웃지 않는 것이지 웃을 수 있어요 한 동안 웃는 법을 잊어버린 적이 있어요 잘못했던 선택이 나쁜 것만은 아니지요 웃을 일이 있어 웃는 것이지 웃을 수 없어요

여기 어디에요
내가 왜 이러고 있지요

강물의 유두를 더듬어 돌아 온 곱사연어는 잘 살고 있을까요
바닥에 떨어진 어린 수리부엉이는 개의 공격을 피할 수 있을까요
가브리엘의 오보에를 처음 듣는 순간 내 삶을 흔드는 소리가 몹시 작게 느껴졌어요
〈

내 뜻은 아니에요

사랑은 사랑이어서 천천히 흐르는 시간이 있어요
사람은 사람이어서 천천히 흐르는 시간이 있어요

내 뜻은 아니에요

내 눈에 빈틈이 보여요

다, 당신 뜻이에요

모서리가 직각인 신(神)을 숭배한 적 있어요

시시한 덫에 걸리다

익선동 골목 일층 한옥 카페에서
카베르네 소비뇽이 녹아내린 붉은 잔을 높이 들었다

왜 하필
나를 노렸을까
황급히 눈을 감았다

나는 누구고 여기는 어딘가
생각은 빠르게 물들고 쉽게 어긋나기도 했다

자꾸만 이명이 들렸지만
나는 알고 있었고 거부할 수 없는
어떤 동작을 취하며 서럽게 울었던 거다

반목과 냉담을 오가며
눈치를 구르는 귓속말도 희미하게 들렸다

모든 메뉴에는 수프가 나오지 않았다

카드는 결제가 거절되었고
화장실은 카페 문을 나설 때까지 잠겨 있었다

은빛 세단을 빌려
크리스마스가 끼어 있는 달에
용한 점집을 찾아가기로 대략 합의를 했다

서늘한 웅성거림이 몸의 중심을 흔들고 있었다

자세에 대하여

반죽 한 덩어리 놓여 있다
영혼을 가두고 날개를 만드는 중일까
꼬리를 감추고 주변을 경계하다
죽은 듯 숙면이다
생각의 늪 속에
뒤틀린 자세로 흘러들었다
저 문을 두드리는 달콤한 늑대
창문을 깨고 도망치면
낯선 지붕의 꽃이 쏟아질까
영역 밖은 고스란히 상처였다
날개의 자세로만 닿을 수 있는 곳
모자라는 것은 아무것도 없다
고양이가 날개를 턴다
새벽을 꽉 문 생선이 날아다닌다

새

담쟁이덩굴이 서로 몸을 섞더니 어느 순간 벽이 사라졌다
철창 틈으로 보이는 거침없는 그 끝이 궁금하다

나의 하루는 대부분 멍하게
허공을 지켜보거나 힘없이 울음을 흘린다
난간에 앉아 쪽잠을 청하기도 한다
그마저도 시들해지면 엉덩이를 흔들며 짝을 부르는 일이다

나의 이런 행동은 모두 부질없는 짓
가끔은 숨이 탁 막힌다

지금 나는 털갈이를 하며 변신을 꿈꾼다
하지만 열리지 않는 문,

화려한 옷을 입고도 외출할 수 없는 난
이 불가해한 궁전을 빠져 나가 보는 것

벽을 삼킨 담쟁이가 슬슬 다가오고 있다

들판 위의 푸른 바람

술래가 되면
내가
얼마나 작고도 큰지 알 수 있지

밤이 오기 전에 낮을 잃어본 사람은
피와 살과
마음이 부서져
녹아내리지

너무 늦었을까 봐 겁이 난다

하루의 숨을 한꺼번에 몰아쉬고는
숨을 멈춘 채
기분 좋은 불안을 살피지

아직은 한밤중

나는 숨어 있고
고통은 발끝에서 자라지
〈

발가락 부러지는 소리에
창을 닮은 커튼이
별을 달아걸고

잠이 무너지는 곳에서
질긴 안도의 말은
불면의 꽃으로 피고 지고

문을 잡은 체온은 단 한 번 잠을 불러오고

내 곁에서
너는 무성한 잡초의 수다를 뽑아
소소하게
정원을 가꾸지

가지가 되지 못한 새순을 정갈하게 들키지

지키려는 것과 내일의
폐허에 서 있는 나무처럼
너는
내가 찾는 달콤한 영혼
아무도 들여다보지 않아
나만 남겨진
나만 지키는 쪽창 같은

여름을 던지는 배롱나무

어떻게든 가로질러 가려다 넘어지는 것들이 있다
사랑은 상전이(相轉移), 어느 한 시점을 지나면
다 죽거나 죽는 것이 지극히 자연스러운 일이다
이별도 거치지 않은 연민이 손을 흔들어 여름을 깨우고
굳게 닫힌 문은 정해진 시간에만 열렸다 닫힌다
그늘을 널어 말리는 더위는 당신의 안부도 묻지 않고
길게 돌아누운 대화는 정오에도 찬바람이 인다
낮이 길어질수록 텅 빈 사연들이 속내를 드러내지 않는다
언뜻언뜻 어둠이 좁은 등으로 찾아들고
한밤 내내 보이지 않던 달이 지구의 동쪽을 건드려
아침을 찾아온다 여름은 몸속에 쌓여 불화하고
한낮이 가득 차면 물빛 머금은 배롱나무는 숨죽인 열병
을 앓는다
화해도 없이 폭염과 폭언이 오고 다리를 건너던 햇빛의
발목이 접힌다 태양이 쏟아진다 배롱나무 색깔을 바꿔
하늘을 줄이자 고추잠자리의 날개가 가늘게 떤다
마디마디 늙은 배롱나무 쪽으로 당신이 흩어져있다
넘어지거나 자리를 옮겨 않은 것들은

울음을 삼켜 안으로 울고 나의 빚진 선망이 끝나도
여름에 갇혀 더 외로운 배롱나무 어머니
멀고도 가까운 곳에서 당신이 붉지도 연하지도 않은 모습으로 온다
아직 오지 않은 산란으로 여름이 텅 비어 있다

*이수명의 〈가을을 던지는 나무〉에서 인용

트렁크나무

환삼덩굴이 서로 몸을 섞자 순간 길이 사라졌다
멈춘 길 위에서 누군가의 몸을 들여다본 적 있었다
화려한 옷을 입고도 외출할 수 없었던
불가해한 숲을 빠져나가려다 마주친
그때 나무는 깔깔한 털갈이로 변신 중이었다
두텁고 딱딱한 환영 속으로 벌레들이
뚝뚝 끊긴 길을 물고 있었다
나무에서 꽃이 필 때 혹은 질 때 오래된 바람을 만나듯
환삼덩굴은 셀 수 없는 다리를 들어 반겼다
숲의 끝에 기다랗게 죽은 트렁크 하나 놓여 있었다
죽는다는 것은 나이를 내려놓는 것
속에 아무것도 들여놓을 수 없는 것 살아서도
죽어서도 떠날 수 없다는 것 환상은
누워서도 아파서도 사라진 길에 누운 숲의 마중
벌레에게 몸을 내어준 트렁크나무
까맣게 여행 떠날 채비를 하고 있었다

■□ 해설

서정의 사려니숲 그리고 순수와 역린의 시

김왕노(시인, 평론가, 시인광장 발행인)

시인광장 문학상 제1권으로 문설 시인의 시집을 택했다. 많은 시집이 들어 왔으나 선택된 이유는 아직 때 묻지 않는 신선함이 있고 첫 시집이기 때문이다. 시인광장에서의 첫 시집이라는 의미도 있다. 지금은 시집이 안 팔리는 시대다. 시에서 독자의 발길을 멀게 한 여러 요인이 있을 것이다. 현대인의 생활양식이 달라지는 등 여러 가지 이유가 있으나 사실 시인 자체의 반성도 필요한 시기다. 팬데믹이란 전대미문의 시절에 독거형 생활패턴이라 많은 사람이 시를 접할 수 있는 절호의 시기였으나 오히려 시는 외면을 당하고 대형서점에 가면 그렇게 넓게 차지했던 시집 코너가 사라지고 있다. 시가 외면받는 시기라 시인들도 자성의 목소리를 높이며 서정시를 쓰고 짧은 시도 쓰고 디카시도 쓰고 나름대로 극복하고자 하는 현상이 여기저기에서 나타나고 있다. 더불어 좋은 시집이 발간되고 있다. 시의 혼란 시대라고 부르기도 하는 이 와중에 신선하고 명징한 시를 쓰는 문설 시인을 만나는 행운을 얻었다. 한 마디로 문설의 시인의 시를 보고는 놀랐다. 첫 시집의 원고라는데 시에는 욕심이 없고 고요한 강물 같이 흘러가나 윤슬 같은 이미지가 있고 시에는 명검의 날을 숨기고 있다. 무엇보다 쉽게 읽힌다는 점이다. 쉽게 읽힌다 해서 시의 질이 떨어지는 것이 아니라 쉽게 읽히면서 감동을 점층적으로 높여가는 시의 마력, 매력이 숨어있었다. 시의 질감은 따뜻하고 부드러우나 실은 그 부드러움이 부드러운 이미지를 씨줄과 날줄로 잘 직조한 시라 한번 읽으면 오랜 맥놀이 현상처럼 시의 기억이 뇌리에 남는다. 시로 시인의 명성을 얻으나 시집으로 명성을 얻는 경우가 있는데 문설 시인은 후자로 적합한 시인이다. 여성 특유의 섬세함이 시 전반적으로 흐르고 있으나 섬세함이 하나의 조직이 되어 강한 시의 뼈대를 이루고 있다. 그의 시 초입도 사실에서 출발하므로 시 읽기도 편하다. 시에 들어가면 트롯의 꺾기처럼 시의 꺾기가 있고 반전이 있고 해체가 있어 시 읽는 재미를 한껏 느끼게 하는 장점도 가졌다. 시의 모티브도 현실이고 구체적인 것에서 얻어 왔기에 친근감을 가질 수밖에 없다. 유순한 그의 시에서 반추할 수밖에 없는 기억의 폭력을 거슬러 잠재우는 역린 같은 힘이 시집 여기저기서 나타나므로 남성적 힘마저 느끼게 한다.

장미 향기가 나면 괜찮을까
분명 호불호가 있을 거야 똥냄새도 거의 나지 않는다고
믿음과 의심 사이, 아무도 모르지

유리창에 흘러내리는 나는

어느 수면을 파닥거리다 여기 숨죽여 침묵하고 있나

말미잘과 흰동가리가 파놓은 터널을 통과한 기억 눅눅한데

누군가의 만남과 이별을 감지한 최초의 순간

머리를 감겨 주었을 때의 그 끈적한 촉감

흘러가는 방향을 생각하다 마주한 꽃잎들의 무덤

내가 절묘하게 떨어져 스미는 동안 눈빛은 투명에 가까워졌지

나무와 계곡의 산을 품은 바다의 성지(聖地)는 어디일까

출렁이는 나를 위해 불과 얼음의 존재를 묵인하며

언젠가는 개가 끄는 썰매를 타고 북극의 빙하나

사막의 모래 폭풍을 따라 소금 눈송이를 따라 갈 것이다

억만년을 품은 협곡이 유리창에 흘러내리는 이유는

한 번만 태어나는 뱃속의 기억 때문이다 나는

항상 돌아와 다시 불의 암석 위를 걸을 것이다

- 「물의 고백」 전문

    그의 시는 물처럼 유려하게 흐른다. '어느 수면을 파닥거리다가 여기 숨죽여 침묵하고 있나'를 통해 물이란 존재에 대해 역동성과 순응을 한 문장에서 엮어내므로 이미지와 이미지가 만나 스파크를 일으키며 물의 생명력을 극대화 시키고 있다. 이처럼 물을 다시 일깨우고 물의 고백이자 물의 자화상을 그려가고 있다. '내가 절묘하게 떨어져 스미는 동안 눈빛은 투명에 가까워졌지' 물도 물의 욕망을 가져 절묘하게 하나 결국 정화의 길, 자정의 길을 가므로 물 본연의 자세인 투명으로 간다는 것을 그려내고 있다.

'억만년을 품은 협곡이 유리창에 흘러내리는 이유는// 한 번만 태어나는 뱃속의 기억 때문이다 나는//항상 돌아와 다시 불의 암석 위를 걸을 것이다.' 본성을 거역할 수 없음을 인정하나 끝내 항상 돌아와 다시 불의 암석 위를 걸을 것이다. 라는 단호함은 지금껏 여성성 속에 감춰둔 남성성을 나타내기에 이 시가 유려하나 끝내 강할 수밖에 없는 시의 구조를 가지는 것이다. 이것이 시의 맛을 보여주는 것이다. 거듭 말하지만 물의 고백이기보다 물의 존재에 대한 선언이고 물에 대한 자화상이다. 물의 자긍심을 나타내주는 것이다.

> 지는 꽃 옆을 왜 기웃거리는지
> 이제 막 싹 틔우는 씨앗을 어디로 데려가는지
> 자작나무의 흰빛은 하늘에 닿는지
> 하늘 밖에 또 다른 하늘이 있는지
> 바닷속 오랜 유물들이 숨을 쉬는지
> 해바라기가 가을에 고개 숙이는 이유를
> 가마 속 옹기가 잘 익고 있는지
> 종일 내리는 비는 어디쯤 가고 있는지
> 향나무를 꺾어 머리 위에서 태우는 유목민들의 기도를
> 얼지 않는 호수가 누군가의 마음을 비추는 이유를
> 붉은발슴새가 그 섬에 온기를 두고 온 까닭을

나를 빼닮은 계곡이 속살을 보여주는 이유를
뜨거운 입술에 스친 사랑이 얼마나 깊은지
건들건들 청보리밭을 흔드는
신을 섬기다 신의 성지가 되어버린 너는
얼마나 순결한지

- 「묻는다」 전문

그리스에는 산파법이란 문답법이 있다. 방법은 술 취해 한번 하고 술 깨서 한번 문답을 하는 것이다. 술을 취해서는 솔직하고 술이 깼을 때 거짓이 나올 수 있다 했으나 나는 이성에 의해 진실이 나왔을 거라 추론하고 싶다. 하여튼 묻는다는 것에 철학의 뿌리가 있고 모든 문학의 뿌리가 있고 물음에 대한 해답을 얻기 위해 노력하는 인간의 본모습을 보일 것이다. 그러나 물음에는 타인에게 묻는 경우가 있고 자신을 다잡기 위해 자신에게 묻는 경우가 있다. 해답을 찾아 묻는다는 것은 반사체를 찾아 빛을 비추는 것과 같을 수도 있다. 그러므로 어떻게 묻느냐에 따라 해답이 다르지만 실은 물음은 자기의 의도가 가장 많이 드러나는 것이고 자신의 가치관과 정체성이 어디 있냐를 물음을 통해 역으로 알 수 있다. 물음은 지는 꽃, 싹 틔우는 씨앗, 하늘, 바닷속 오랜 유물들, 해바라기, 가마 속 옹기, 종일 내리는 비, 유목민들의 기도, 얼지 않는 호수, 섬에 온기, 계곡, 사랑, 청보리밭, 신의 성지, 순결 등을 동반한 질문의 형태가 계속되고 다양하므로 시가 재미가 있다. 절대자라 할 수 있는 신의 맞닥뜨림에서 '신을 섬기다 신의 성지가 되어버린 너는 얼마나 순결한지' 신에 복종하는 것이 당연한 섭리로 여기나 신의 성지가 된 너는 신에게 순결을 뺏기지 않았느냐며 신의 폭력성을 은근히 피력함으로 시의 피날레를 이루므로 구체적이고 사실적인 것을 디딤돌로 딛고 가던 시가 신의 문제까지 이르러 시가 지루하지 않고 가장 우리가 당면한 문제까지 가므로 '묻는다'는 좋은 시일 수밖에 없다.

얼음에 입술 데인 적 있다
얼음에도 불이 숨어 있었다니
붙잡고 놓아주지 않는 불꽃은 북극에도 적도에도 있고
녹지 않는 사막에서 여우가 빙하를 주유한다
여우의 꼬리는 혀를 닮아
얼음의 둘레를 살살 더듬기도 하지만
얼음은 깨물어 먹는 동안의 즐거움
사각의 시원함 대신 사막의 서걱임을 동경한다
처음부터 즐거워지려는 속내는 아니었다
원시는 차갑고도 차가워 혀에서 뿌리 자란다

그것도 한때 불이었다 그 불에 데인 적 있다
모래 같은 믿음은 뒤통수를 송두리째 날려버렸다
말은 말을 낳고 화인(火印)이 깊게 박힌다
폭염이 지상에 오래 머물고 있다
불을 다스리는 건 남겨진 자의 몫이다
사물은 같은 형태로 오래 지상에 머물지 않는다
그동안 내가 깨물어 먹은 건 얼음이 아니라
불이었다 입 안 가득 얼음을 돌리며 간신히
숨을 참는다

- 「얼음의 불」 전문

    극과 극은 통한다는 말이 있다. 가장 뜨거운 것이 가장 차가울 수 있다는 말은 가정이 아니라 사실일 수 있다. 얼음 불이라는 제목이 일단 시선을 끈다. 얼음이 불인지 얼음과 불인지 시를 읽다 보면 얼음 불의 실체가 드러나기에 시를 읽으며 수수께끼를 풀어가는 것 같은 즐거움을 가질 수 있는 시다. 독립체냐 복합체냐 따지다 보면 본질은 하나로 통한다는 결론에 이를 것이다. '얼음에 입술 데인 적 있다/얼음에도 불이 숨어 있었다니' 입술이 데었기에 얼음 속의 불의 존재를 입술로 찾은 것이다. 얼음과 불은 소위 상극이다. 불과 얼음이 함께 존재한다는 것은 모순과 같아 이치에 맞지 않을 것이나 어울려야 서로의 존재가 가능하고 서로의 존재를 인정하나 불은 얼음을 녹일 수밖에 없고 녹은 얼음은 물이 되어 불을 꺼뜨릴 수밖에 없다. 이러한 관계가 형성되나 실은 서로 죽이는 관계가 아니라 소위 상생의 관계가 될 수 있다. 얼음이 녹지 않을 만큼의 불, 불이 꺼지지 않을 만큼의 물 그래야 불이냐 얼음이냐 혼란에 빠지지 않고 불이 얼음이고 얼음이 불 일수 관계가 형성된다. '그동안 내가 깨물어 먹은 건 얼음이 아니라/불이었다 입 안 가득 얼음을 돌리며 간신히/숨을 참는다'란 말은 흔히들 우리가 먹은 것이 음식이 아니라 독이었다는 말과도 통하는 것 같아 더욱 피부에 와 닿은 시가 된다. 그리고 불이 아닌 것이 없다. 모든 것은 보이지 않는 불길에 휩싸여 연소되고 있다. 시간도 차갑지 않는 불, 누구나 시간의 불에 휩싸여 한 줌 재로 돌아가기 위해 다비식을 하듯 연소되고 있는 것이다. 하여 불은 시간으로 어디나 존재하고 있다. 시인의 혜안으로 얼음의 불을 갈파하고 있다. 영원할 수 없는 우리 존재를 은연중에 나타내고 것이다.

  손에 깍지를 껴자 음악이 흐른다//완성되지 못한 문장들이 혀끝에서 흩어지고//내 마음의 오류는 어디서부터였을까//비스듬히 벽에 서 있는 너를 보면//아무도 모르게 밤새도록 안고 싶었지//오직 너 때문에//밤을 새운 것은 아니었지만//우리의 이야기로 꽃이 피고지고//진흙을 구워 만든 줄 하나가 허공에서 춤을 춘다//춤은 불투명하지만 아무도 버리지 않는다//누군가 저 소리를 멈춰버리면//지독한 너의 흔적이 사라질까//시간 속에 남겨진 바닥의 힘을 꺼내먹는다//눈을 감으면//외딴 절벽 어딘가,//네가 우는 자리에 열리지 않는 문이 있다

─「어쿠스틱 기타」 전문

 어쿠스틱 기타란 한 마디로 울림통이 있는 통기타를 이르는 말이다. 어쿠스틱 기타란 시도 울림통이 있어 시를 탄주 하는 시인의 손끝에서 아름다운 시가 피어나는 것이다. 표제작인 이 시는 좋은 음악 같은 시를 향한 시인의 고뇌가 있다. '완성되지 못한 문장들이 혀끝에서 흩어지고//내 마음의 오류는 어디서부터였을까'에서 음악 같은 시를 찾아가는 일이 평탄치 않음을 나타내고 있다. 어쿠스틱 기타와 서로 육화되어 '우리의 이야기로 꽃이 피고지고' 싶은 시인의 열망이 시인의 시를 향한 열정적인 모습을 대변하고 있다. 시인이 어쿠스틱 기타로 음악이 아니라 시를 연주하는 모습이 얼비치기도 한다. 그러나 '시간 속에 남겨진 바닥의 힘을 꺼내먹는다//눈을 감으면//외딴 절벽 어딘가,//네가 우는 자리에 열리지 않는 문이 있다'라

면서 음악으로 소통할 수 없는 단절의 세상이 있음을 알 수 있으나 포기하지 않고 음악으로 시로 단절된 세상과의 소통을 끝없이 꾀하는 시인의 모습이 실루엣처럼 스쳐간다. 어쿠스틱 기타란 시의 울림통에서 음악 같은 시가 끝없이 피어나기를 어쿠스틱이란 시를 접한 사람은 기원할 것이다.

   사려니 숲에 가서 알았습니다
   내가 오래전부터 좋아한 냄새를 이 숲이 가지고 있다는 것을
   방금 이곳을 다녀간 소나기도 이 흙의 냄새를 물고 날아갔습니다
   흙의 체취는 오래전 내 기억 속에 살았습니다

   삼나무, 졸참나무, 때죽나무, 산딸나무, 서어나무 …
   길목에 펼쳐진 풍경에 감전되어 자박자박 걷습니다
   길은, 아는 길은 아는 곳으로 낯선 길은 낯선 곳으로 통합니다
   세상의 시비(是非)도 이곳까지 따라오지 못했습니다
   나는 오래된 불통을 소통으로 바꾸어서 주머니에 넣었습니다
   넘을 수 없는 마음도 이곳에 오니 야트막한 언덕으로 보입니다

   팔이 잘려나간 나무들은 송글송글 피가 묻어있습니다
   이 상처를 가라앉히느라 얼마나 많은 밤을 지새워야할까요
   나는 내 작은 상처에도 꼬박 밤을 새운 적이 있습니다

흙비의 얼룩마저 나무들의 무늬가 됩니다
상처 많은 나무들이 껴안아주겠다고 두 팔을 벌리고 있습니다
탁한 바람들이 이곳에서 몸을 씻고 다시 도시로 돌아갑니다.

- 「사려니 숲」 전문

시에서는 시인의 심성이 그대로 드러나는 경우가 있다. 섬세한 후각으로 흙의 체취를 맡는다는 것은 흙에 대한 애정을 나타내는 것이다. 흙은 모든 것의 기원이므로 기원에 대한 경외심을 보이고 있다. 사려니 숲을 절경으로 이끌고 사려니 숲의 주연인 나무에 감전되어 걷는 시인의 모습이 보인다. '삼나무, 졸참나무, 때죽나무, 산딸나무, 서어나무…/길목에 펼쳐진 풍경에 감전되어 자박자박 걷습니다'를 보면서 흙의 체취가 가득한 사려니 숲에서 사려니 숲의 향유로 호사를 누리며 자연과 물아일체가 되어가는 모습이 보인다. '나는 오래된 불통을 소통으로 바꾸어서 주머니에 넣었습니다/넘을 수 없는 마음도 이곳에 오니 야트막한 언덕으로 보입니다'에서 결국 시인이 원하는 것은 단절이 아니라 소통이라는 것을 알 수 있다. 소통이란 자신을 터놓고 상대도 상대를 터놓고 하나를 이루는 것이다. 그것은 합일에 이른 마음의 상태를 나타내는 것이다. 장자의 호접몽과 같이 초월적 경지에 이른다. '상처 많은

나무들이 껴안아주겠다고 두 팔을 벌리고 있습니다/탁한 바람들이 이곳에서 몸을 씻고 다시 도시로 돌아갑니다.' 시는 결국 시인 자신의 반영이다. 앞서 시인의 심성이 시에 나타난다고 했는데 상처 많은 나무들이 껴안아 주는 행위, 탁한 바람이 몸을 씻고 도시로 돌아가는 행위는 시인 자신의 행위와 같고 사려니 숲에서 정화를 거쳐 도시에 돌아가 살고 싶다는 시인이 의식이 시 저변에 깔려있다. 시를 읽는 동안 나도 사려니 숲에 있다는 느낌을 받은 것은 구체적인 것에서 사실적인 것에서 시의 이미지를 길어 올리기 때문일 거라 생각한다.

    서툴지 않은 처음은 시작이 아닙니다
    아무렇게나 그은 선은 정말 아무렇지 않고
    나는 점과 잠이 만들어낸 색에 선명해집니다
    그린 그림이 물결치면 바다는 까무룩 잔잔해집니다
    그림이 그림의 무덤을 파고 덧칠할 때
    나는 어둠에 잠긴 바다로 향합니다
    바다의 색깔은 도무지 알 수 없는 벼랑입니다
    당신의 표정은 당신이 가장 마음에 들어 하는 색깔이겠지요
    내일은 오늘의 제자리, 붓끝이 그 끝을 감추면
    그림의 모서리마다 모래알 같은 꽃이 피어납니다
    풋풋한 피톨이 짙은 안개에 덮인 화폭을 지나갑니다

당신이 무엇을 상상한 채 잠의 꿈에 젖어들든
몽유의 숲에 풍경이 한창입니다만
내가 눈을 뜨면 풍경은 풍경을 모릅니다
설핏, 내 눈을 밟고 간 당신은 누구의 처음일까요

－「선잠」 전문

   시로 그림 한 점을 섬세하게 펼치는 것이다. 언어로 시에스타를 시에스타 그림보다 더 의미 있는 그림으로 그려내고 있다. 선 점과 잠 물결 무덤 표정 색깔 붓끝 모서리 모래알 피톨 안개 화폭 꿈 몽유 숲 풍경 눈 당신이란 단어가 동원된 선잠은 의식의 춤사위를 보여주고 있다. 개별성이 강한 시어들이 점성 강하게 결합 되어 선잠이란 시를 색채감 강한 시로 나타내고 있다. 고흐의 시에스타 즉 낮잠은 끝없이 평화로워 보인다. 파스텔풍이고 갈색 톤이 전면에 흐르는 그림을 보면 그림을 보는 사람마저 최면에 걸린 듯 잠으로 이끌려는 그림의 부드러운 힘이 있다. '당신의 표정은 당신이 가장 마음에 들어 하는 색깔이겠지요/내일은 오늘의 제자리, 붓끝이 그 끝을 감추면/그림의 모서리마다 모래알 같은 꽃이 피어납니다' 이 문장이 시를 지배하고 있다는 생각이 든다. 자신의 얼굴은 결국 자신이 책임져야 한다는 말을 떠올린다. 그림의 모서리마다 모래

알 같은 꽃이 피어납니다. 아무리 읽어도 참 좋다라는 말밖에 나오지 않는다. 시의 표현 하나하나가 섬세하다. 선명한 이미지를 만들어낸다. 서정적이다. 선잠이 꿀잠이다. 라는 느낌을 만든다. 말미잘 촉수보다 더한 예민함으로 고흐의 시에스타를 보고 이렇게 심오한 시를 써 내려가다가 '설핏, 내 눈을 밟고 간 당신은 누구의 처음일까요' 반문으로 시를 반전으로 이끄는 것이 절묘하다.

 문설 시인의 시를 읽으면서 즐겁고 참 흡입력 있는 시편들이라는 느낌이 든다. 읽는 내내 좋은 시의 맛을 볼 수 있어 좋았다. 일상을 갈아엎어 구근 같은 시를 얻어내었기에 친근감이 있고 애착이 갈 수밖에 없었던 시편이었다. 이 시집 한 권이 시와 독자가 소통하는 물꼬를 터주겠다는 생각이 들고 이 시집을 도약의 발판으로 좋은 시를 우리에게 계속 선보일 거라는 기대감을 가지게 한다. 문설 시인은 결국 잃어버린 서정의 세상을 복원하는 힘을 가지고 있으며 때로는 강하나 유려한 시의 질감으로 귀결되는 시 세계를 보여준다. 뛰어난 공감각 능력으로 우리가 놓쳐버린 이미지를 핀셋으로 집어 올리는 듯 집어 올리는 섬세함이 시의 품격을 높이고 있다. 첫 시집이나 첫 시집 같은 느낌이 안 드는 것은 그가 꾸준히 시에 정진해 왔고 자신의 마음을 시로 노래해 왔기 때문일 것이다. 어쿠스틱 기타란 시를 썼듯이 그는 기타를 즐겨 치는 시인일 것이다. 하여 음을 튜닝하듯 시를 튜닝하는 아름다운 시적 능력이 있고 그의 시의 전반에 흐르는 음악성이 그의 시를 친근하게 대하고 그의 시를 읽는 사람은 그의 시에 자연스레 흡입되는 것이 당연하다. 하여 문설 시인은 시적으로 좋은 자질을 가졌으므로 좋은 시인이고 좋은 시를 쓸 수밖에 없다.